사랑하는 것들은 흔들림의 건너편에 있었다

김경래 시집

사랑하는 것들은
흔들림의 건너편에 있었다

초판 발행 2020년 2월 5일
—

글 · 글씨 김경래
—

펴낸곳 시골편지
—

주소 강원도 횡성군 안흥면 실미송한길 24-73
출판등록 제2019-0000003호
전화 033-344-5370
—

ISBN 979-11-968556-1-1 03810
—

값 10,000원
—

블로그 sigolpyenji.blog.me
이메일 sigolpyenji@naver.com

*책값은 뒤표지에 있으며 파본은 교환해드립니다.
*이 책의 내용은 저작권법에 의해 보호를 받는 저작물로 무단 전재 및
 복제를 금합니다.

시집을 펼치며

"내가 살고 있는가?"

나를 찬찬히 들여다봅니다. 지나 온 시간들을 돌아보기도 합니다. 그러다 스스로에게 묻습니다. 오로지 나를 위해 나에게 묻습니다.

"지금 행복한가?"
"의미는 있게 사는가?"
"잘 살아왔는가?"
"잘 살고 있는가?"

다 어설픕니다. 알면서도 못하는 것들도 있고 모르고 잘못한 것들도 많습니다. 얼마나 더 고민하고 살지는 모르지만 돌아보니 모두 추녀 끝에서 이는 한줌 바람이었습니다. 내가 하고자 했던 것들은 늘 돌아앉아 있었고, 사랑하는 것들은 언제나 흔들림의 건너편에 있었습니다. 아무리 아름다운 것들로 수식하고 형용하고 고민하며 살아도 결국 남아 번득이는 것은 '나는 나'였습니다. 오로지 '나' 하나였습니다.

수식하고 형용하는 것들을 모두 빼고 앙상하게 남은 나의 뼈가

순간의 생각들을 뱉어 놓았습니다. 다른 사람들의 말이 아닌 오로지 내 말만 하고 싶었습니다. 왜 사냐고…

그것이 나의 행복이고 가치입니다. 시건방진 오만일 수 있습니다. 늘 아파 불면해야 하는 맘 한구석의 치유일 수 있고, 생의 통증을 극복하고 빈약한 영혼을 채워주는 위안의 언어일 수도 있습니다.

뱉어놓은 많은 말들이 내 삶의 화두이듯, 그대들에게도 그럴 수 있을 것입니다. 나도 모르게 그대들 마음을 치는 선문답이 될 수도 있을 겁니다.

쏟아놓은 내 말들을 듣고 느끼는 감정은 그대들 각자의 몫입니다. 따로 거창하게 해석하려 하지 말고, 행복하면 행복한 대로 아프면 아픈 대로 외로운 만큼 그리운 만큼 사는 대로 살아지는 대로 없는 대로 있는 그대로 그대로 느꼈으면 합니다.

활자가 된 언어들을 대하며 그대들 마음을 찬찬히 들여다보았으면 합니다. 내가 그렇게 하여 아픈 마음의 구석들이 아물기도 했던 것처럼, 허전했던 한곳이 채워졌던 것처럼, 맑아지고 행복해지고 그리운 사람들이 더 그리워지고 보고 싶은 사람이 진정 보고 싶어졌던 것처럼, 그대들도 그랬으면 좋겠습니다. 아픈 것들도 미워졌던 것들도 불안했던 마음의 체증이 가라앉고 모두 편안해졌으면 합니다. 그리하여 마음 저 밑바닥까지 진정 행복했으면 합니다.

"정말 내가 나인가?"
"내가 아닌 다른 나를 살고 있는 것은 아닌가?"

나나 그대들 모두 온전히 나로 그대들로 하루하루 살았으면 합니다.

2020년 봄을 맞으며
김경래 씁니다

시집을 펼치며

시집을 펼치며 _ 5 ■ 늦었나 보다 _ 10 ■ 낮잠을 자다 깨면 _ 11 ■ 저절로 핀 꽃은 하나도 없다 _ 12 ■ 산속에 살면 외롭지 않냐고 _ 17 ■ 커피 아메리카노 _ 14 ■ 통나무 자르기 _ 15 ■ 들꽃 같은 집이 되게 하소서 _ 16 ■ 나비가 꾸는 내 꿈인지 _ 19 ■ 또 이만큼 살았단 말인가 _ 20 ■ 무엇이 되려 사는 게 아니었네 _ 22 ■ 내가 바뀐 건 하나도 없어요 _ 23 ■ 문득 아침 첫눈 _ 24 ■ 되새김질로 산 날들 _ 25 ■ 산에 가는 이유 _ 26 ■ 사천항에서 _ 27 ■ 꿈속의 귀거래사 _ 28 ■ 기다리는 사람은 언덕을 오른다 _ 30 ■ 동면 _ 33 ■ 황태 말리기 _ 34 ■ 황태 _ 35 ■ 그런 말만 하게 하소서 _ 36 ■ 살다 무엇이 되었지 _ 39 ■ 그대로 그대로 _ 40 ■ 틀린 사랑 _ 42 ■ 낮술 _ 43 ■ 추워지면 난 사람이 그립다 _ 44 ■ 인연 _ 46 ■ 또 어디로 가라는 것인지 _ 47 ■ 함박눈 내리는 날 _ 48 ■ 소나무 죽던 날 _ 50 ■ 사랑하는 것들은 모두 _ 54 ■ 이별 후 _ 56 ■ 어두워진다는 건 _ 57 ■ 길을 잃고 막걸리를 시킨다 _ 58 ■ 눈 내리는 날 _ 60 ■ 아프지 않을 만큼의 가벼움 _ 62 ■ 문득 아침 봄눈 _ 63 ■ 눈이 눈부신 날 _ 64 ■ 봄날 _ 64 ■ 따스함 쪽으로 돌아눕던 집 _ 68 ■ 살다 살다

_ 69 ▪ 봄이 오면 _ 70 ▪ 빈집 _ 71 ▪ 꽃샘추위 _ 72 ▪ 장날 _ 73 ▪ 그
립다 싶었는데 _ 74 ▪ 오디 익는 날 _ 75 ▪ 물빛편지 _ 76 ▪ 편지처럼
오신 그대 _ 77 ▪ 꽃 꺾으면 네가 아플까 _ 78 ▪ 동백기행 _ 79 ▪ 참꽃
따러 가는 길 _ 80 ▪ 봄꽃처럼 왔다 해지듯 떠나자구요 _ 81 ▪ 그대 기
다리는 날마다 _ 82 ▪ 나비 봤다 _ 84 ▪ 약속없이 핀 찔레꽃 _ 85 ▪ 너
는 국화처럼 나는 노을처럼 _ 86 ▪ 숙다방의 봄날 _ 87 ▪ 나비 꽃에서
졸 때 _ 90 ▪ 그립던 사람도 나비꿈 _ 91 ▪ 거미가 짓는 집 _ 92 ▪ 마당
에 과꽃을 심어 _ 93 ▪ 아침 숲에서 _ 94 ▪ 비내리는 날 바닷가 찻집 _
96 ▪ 치악산서 살아도 _ 98 ▪ 더 이상 물들 수 없다면 _ 99 ▪ 그리운 언
덕 _ 100 ▪ 자미원역에서 단풍 맞다 _ 102 ▪ 사랑은 먼곳서 부는 바람 _
104 ▪ 아무나 사랑해야겠다 _ 105 ▪ 이 가을 내가 할 수 있는 건 _ 106
▪ 가을 볕에 _ 107 ▪ 아득한 것들만 남아 _ 108 ▪ 울 밖 갈꽃서 바람이
일 때 _ 110 ▪ 홍시를 따다 _ 112 ▪ 저녁놀 때문에 _ 114 ▪ 갈대 _ 115
▪ 건널목에서 _ 116 ▪ 꽃씨 심던날 _ 117 ▪ 솜다리 지다 _ 118

늦었나 보다

오십 전에 한번은
장돌뱅이가 됐어야 했는데
늦었나 보다

메밀꽃 핀 봉평장터나
동강길 따라 가파른 등짐을 지고
묵호 어물전 소금기에 절은 좌판에 주저앉아
얼굴 붓도록 막걸리를 마시다 취하면
늙은 주모 옆구리에서 봄날의 해풍이 불고
떠돌다 맞은 갱년기 어디쯤서 들른
물결에 노을 지는 낙동강 삼강주막
지난밤 강물 소리에 뒤척이다
눈빛도 못 나누고 스쳐 간 사랑

마음에 바람이 인다
먼 곳부터 쑤셔오는 그리움의 뼈마디

한번은 장돌뱅이로 떠돌았어야 했는데
이제는 아예 늦었나 보다
너에게로 가는 것도

낮잠을 자다 깨면

옆에 있어도 그리운
사람만 그려 살아도 충분한
그 만한 크기의 집을 짓고

한 뼘의 추녀 끝에는
소리 맑은 풍경을 단다

사금파리만 한 화단에는
그대 닮은 꽃을 심고

낮잠을 자다 깨면
해맑은 풍경소리

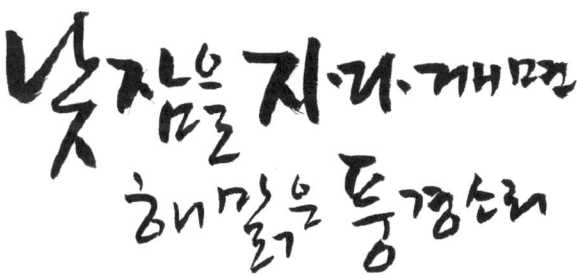

낮잠을 자다 깨면
해맑은 풍경소리

저절로 핀 꽃은 하나도 없다

저절로 핀 것처럼
아프지 않았던 것처럼
아팠던 것들은
사랑이 아니었던 것처럼

뒷모습에서 불던 바람도
바람이 아닌 것처럼
별빛에 흔들린 잎사귀들마다
혼자 울지 않았던 것처럼
혼자가 아닌 것처럼

더 이상 피지도
지지도 않을 것처럼

겨울 저녁처럼
저물지 않을 것처럼
그 새벽처럼
시리지 않을 것처럼

피었다

산속에 살면 외롭지 않냐고
그가 물었습니다
도시에 사는 그대는 외롭지 않냐고
내가 답했습니다

사는 것은 쓴 맛에 익숙해지는 일

사는 것은
쓴 맛에 익숙해지는 일
- 커피 아메리카노

통나무 자르기

밤새 또 너에게로
하염없이 갔다

자르다 놓친 신경줄이 어디서
밤새워 자랐겠지 어쩌면
나도 모르는 사이

잘라냈는데
아득한 그리움까지
지리한 사랑도 미움도
한 토막씩 잘라
가슴골 아래 묻었는데

그리운 것이
차마 그리울 때마다

저린 만큼 잘라
돌아올 수 없이 아득한 곳에
재로 뿌렸는데

들꽃 같은 집이 되게 하소서
― 상량문

살다가 멈칫 꽃이 피고
길을 가다 선뜻 바람 부는 것이
언제 내 뜻이었던가

내 맘 아득히 비올 때면
옆에 있는 사람도 도진 듯 그립고
늦가을 부리 무뎌진 볕에 꽃잎 지면
떠나고 보낸 사람들 하나하나 단풍 되어
가슴에 새겨지는 아픔이 언제 내 뜻이었는가

속절없는 인연에 외롭고
쉴 새 없는 가난이 등짐이던 밤 매듭마다
잠들다 깨 밤을 새고 다시 맞는 우울한 아침도
누군가는 나를 위해 밥 짓고 옷 깁고
따뜻이 덥혀놓은 그대 집 아랫목의 목메던 사랑

그때까지도
나를 위한 누군가의 지극한 가슴앓이에
진정 감사한 적이 있었던가

그렇게 사는 것
살다가 무엇이 되는 것도
내 뜻은 아니었지만
때로 어긋나는 인생에 분노하고 시기하고
때때로의 거짓이 부끄러워
오십 넘어 누군가에게 감사할 집을 짓는다

꽃 피고 바람 불면 그대로
그리운 대로 사랑하는 대로 뜻대로 터를 닦고
뼈를 발라 기둥을 세우고 바람을 막고
그대 배 터지게 밥 짓고 따뜻하게 등 누이고도 남을
충분한 볕이 드는 집
때론 배 아프게 낳고 마음 졸여 기른 아이들이
오물오물 아이를 낳아 꼼지락거리며
텃밭에서 빨간 토마토를 한 아름 따 가슴에 안고
하늘 넓은 다락방에서 잠이 들고

소문도 없이 첫눈 내리는 날
너무 오래 잊었던 벗이 젖은 편지로 돌아와
아궁이 가득 장작을 지피고
고기를 굽다 소주를 마시다 노래를 부르다
별것도 아닌 인생 아쉽다 조롱하다

뒷산 억새처럼 늙어 갈 집

볕 잘 드는 마당가에는
매화나무 하나 심어 기르다
비늘마저 하얗게 늙어지면
나무 아래 살 묻어 겨울을 나고
이듬해 이른 봄비에 깨어
키 작은 제비꽃이 되는 집

집을 짓는다
믿음 없이 산 삶의 부끄러움과
때때로의 잘못들을 마음에 새겨
오늘 집을 상량하며
머리 숙이고 손을 모아 기도한다

누가 살아도 해 뜨면 따뜻하고
낮엔 윤택하고 밤은 평온하며
어느 계절도 거스르지 않는
저기 바람 흘러가는
숲이나 강 들꽃이 되어도 부끄럽지 않는
자연 그대로의 집이 되게 하소서

나비가 꾸는 내 꿈인지
내가 꾸는 나비꿈인지
알 수 없는 하루

또 이만큼 살았단 말인가

지난 겨울을 나며

또 몇 번의 봄눈이었나
기다림의 아침이었나

뒤척이다 핀 뜰 안 민들레는
살아있는 감사함

참꽃 필 때 설렘으로 나선
나비 같은 봄길

섬진강을 한 바퀴 돌아
해남 땅끝마을 해풍 속에서
강진의 대숲 바람을 쐬다 들은
선운사 꽃소식도 이내 저물고

내 집 언덕에 찔레꽃 피고
강둑길 따라 안개를 닮은 망초꽃
어제 본 싸리도 마냥 붉었는데

오늘 화단에 핀 접시꽃을 보다
덜컥 내려앉는 가슴

또 이만큼 살았단 말인가

나비 같은 봄길

무엇이 되려 사는 게 아니었네

아름다운 것만 보고 살 수 있겠는가

태풍이 지난 새벽에도 해가 떠
그 아침 꽃잎에 맺는 이슬에서
감사함을 배우고

내 발을 담근 거친 흙 한 톨
정수리를 태우는 뙤약볕
소나기 한 줄의 의미가
지극한 생명이라는 것도 알아

저물녘 물소리가 슬프거나 슬퍼지면
막연히 그리워지는 것들도 있어

빈 뜰서 간간한 바람과 살 때
누군가를 그리다 기다리다 보면
소식 없는 것들은 미움이 아니라 지독한 사랑

그리 살다 무엇이 되었지
무엇이 되려 사는 게 아니었네

내가 바뀐 건 하나도 없어요
다만 계절이 눈 오다 비 오다 할 뿐이지

문득 아침
첫눈

되새김질로 산 날들
– 또 한 해를 보내며

몇 번을 곱씹은 날들이었나

무뎌지려고
무디어지면 더 고와질 것이라 여겨
모나고 거친 모서리마다
이른 볕에 말리고 저녁노을에 그을려
휘어질 것은 휘어지고 부러질 것은 부러지고
낡은 비늘들 하나씩 벗겨지면

강둑 따라 안개비 내리던 날
가슴을 메는 쪽빛 닮은 풀꽃들
손톱 아래까지 감물 들던 자국

넘치지도 모자람도 없이
옳지도 그르지도 않은 새살이 돋아
붉지도 푸르지도 않을 결 고운 무늬가 되려
얼마나 곱씹은 시간이었나
허기진 되새김질로 산 날들이었나

산에 가는 이유

어제 저녁 하늘이
취하도록 맑아
이른 새벽 산속
절집을 찾았습니다

하늘빛에 취한 노스님 밤새
산을 떠나지나 않았을까
하여

산에 가는 이유가
그거면 됐지

산에 가는 이유가
그거면 됐지

지나온 바닷길에
흔적을 남기는 배는 없다
홀로 기억할 뿐이지
- 사천항에서

꿈속의 귀거래사

밤이면
꿈을 꾼다

내 키가 풀처럼 자라
풀숲에서 사랑을 하고
풀숲에서 알을 슬고
풀숲에서 잠이 들고
머리 위로 이슬이 내리면
이슬로 맺는 풀꽃들

바람에 쓸리는 풀숲 사이로
사라질 듯 별이 보였다

나뭇가지에 걸려
새가 되는 별

걸어서는 다다를 수 없는 휘청거림에
늘 폐를 앓는 도시
시내와 시내만 겨우 잇는 시내버스가
힘겹게 숨통을 열고

대륙에서 건너온 영하의 바람에
도시는 언제나 목이 잠겨 있었다

황사

내 폐는 얼마나 썩고 있을까
기침이 날때 마다 떠나고 싶었다

내게로 왔던 것들 모두 돌려보내고
물빛에 젖은 풀숲
복숭아뼈만한 크기 들꽃되어
살고 싶었다

나뭇가지에 걸려 새가 되는 별

기다리는 사람은 언덕을 오른다
― 도시의 기억

선뜻
늘골 아래서 바람이 분다
살갗마다 소름 돋아 피는 들국화

무성하게 자란 도시 불빛들은
긴 허리를 풀고 흘러가는 산
내가 사는 은사시나무 잎을 흔들던
반짝이는 바람에 시린

누군가 올 것만 같아
하루 종일 동그라미를 그리다
네모를 그리다 세모를 그리다
까치발로 서성이던 언덕길서 보았던
꽃무리도 저리 흔들렸는데

기다리는 사람은 누구나
언덕을 오른다
가슴에 들꽃 하나씩 꽂고 살다
제 스스로 바람도 맞고

별이 되어 하늘로도 가고

별이 뜬 언덕에
홀로 기르던 들꽃 하나 가슴에 내달고
낯선 사람들과 엉덩이를 부비고 앉아
외상술을 마시며 철 지난 들국화 얘기를 한다

꽃은 지고 불빛도 스산히 잠들고
난 그리워할 것들이 남아 잠들지 못한 채
낯선 도시 한가운데를 서성일 때

누구는 누구를 죽도록 사랑했다는
다른 사람들의 전설만
거리마다 골목마다 넘쳐나고

여전히 내 들국화는 소름으로 피는데

기다리는 사람은 누구나
언덕을 오른다
가슴에 들꽃 하나씩 꽂고 살다
제 스스로 바람도 맞고
별이 되어 하늘로도 가고

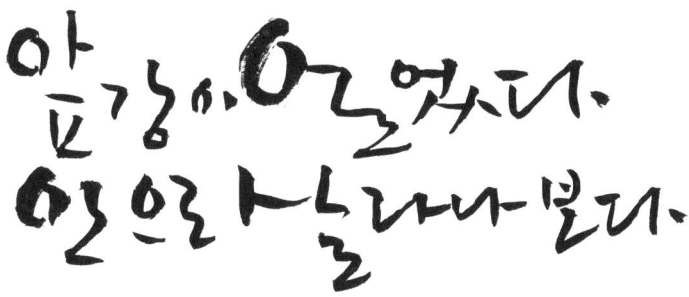

앞강이 얼었다
안으로 살라나 보다
— 동면

황태 말리기

아린 물 내음과 눈부시던 파도의 추억
아직도 눈에 선한데
나는 하늘로 가는 산으로 가는 꿈을 꿉니다

동해 바닷바람에 몸을 맡겨두면
스스로 저무는 꿈

설악산 골짜기 바람 드는 길목서
목 놓아 목을 매고
시렸다 또 아프다
매듭마다 속절없이 여물고

정수리 하나까지 추위에 얼다 깨면
바람에 씻겨 가고 햇볕에 말라 비틀고
바닷새 산새들에게 뜯겨 상처가 나고 작아지면
버릴 것은 버리고 놓아둘 것들 모두 놓아두고

그때쯤이면 내 만 갈래 생각들도 자국 없이 아물어
또다시 누굴 사랑할 만큼
가벼워질 것입니다

더는 마를 수도 비틀 수도 없는 몸짓
이게 바로 간절한 기도다

더는 마를 수도 비틀 수도 없는 몸짓
이게 바로 간절한 기도다
— 황태

그런 말만 하게 하소서

문득
하염없는 날

꽃 피면 꽃 핀다고
바람 불면 바람 분다고
그런 말만 하게 하소서

하루를 살아도
천상의 한낮처럼 꿈을 꾸고
꿈꾸고 바라는 것들 모두
눈부신 계절 속에서
꽃이 되게 하소서

더불어 사는 풀 한포기
물 오른 나무까지
늘 새롭고 향기롭고

먹이를 찾는 산새나
어미를 부르는 어린 노루
별빛이 바래진 산언덕

까마득히 깊어진 가을밤도
감사한 나날이게 하소서

늦가을 볕이
마른 마당을
시린 발자국으로 쓸 때

가늘어진 손짓들과
앙상하게 여위는 눈빛들로
잠들 수 없어 돌아눕다
갈바람 지나는 밭은 기척
한길 낙엽 쌓이는 소리에
서성이다 또 잠들다
행복하게 하소서

어느 먼 날의
저려오는 손끝
식은 날들의 윗목까지
눈물겹게 하소서

꽃 피면 꽃 핀다고
바람 불면 바람 분다고
그런 말만 하게 하소서

살다 무엇이 되었는지
무엇이 되려고 사는 것은 아니었네

그대로 그대로

밤이 지나 아침이 오는 대로
물길 흘러가는 대로

단풍 지는 숲길서 가을바람 이는 대로
휘어지고 굽어져 돌아가는 대로
사는 대로 살아지는 대로

살다 어느 날 꽃 피는 대로
소문도 없이 꽃 지는 대로

이미 해 저물어 눈물 나는 대로
사랑하는 대로 보고 싶은 대로
생각나는 대로

생각하다 그리워지는 대로
잊히면 잊히는 대로
머물면 머무는 대로
홀로 남은 날 떠나면 떠나는 대로

그대로 그대로

없는 듯 있는 대로
있는 듯 없는 대로

틀린 사랑

여름비 온다던 하늘은
비질한 대청처럼 맑습니다

가을꽃 핀다 했던 날에
때늦은 장맛비가 내려
서성이던 내 사랑도
준비 없이 젖습니다

대기가 불안한 날의 일기예보는
자주 틀린다는데
불안정한 사랑은 자꾸 틀립니다

대체로 맑음이 비가 되고
맑았다 느닷없이 흐려진 말들이
거짓 없는 틀림이었는지
틀린 거짓이었을까

일기예보가 틀린 날
맑을 줄 알았던 내 사랑도
틀렸습니다

푸르게 살다.
하얗게 살다.
한없이 붉어지고 싶은 날

푸르게 살다 하얗게 살다
한없이 붉어지고 싶은 날
- 낮술

추워지면 그리운 사람

바람의 끝으로 갔는지
모르겠다

그 끝의 끝에서
수 천 수 만 갈래의 바람으로
까마득히 잊혔던 그가
별빛처럼 내 뜰을 서성이다
밤새 가지 끝의 바람으로
서리었는지 모르겠다

추워지면
발목 시리던 사람이 그립다

식은 아침볕에 쪼그리고 앉아
등 얇은 식탁을 차리고
김 오른 밥 한 그릇을
앙상한 입김으로 덥히던
사람이 보고 싶다

문살 칸칸이 창호지를 바르며

마른 기침으로 긴 겨울을 나던
그가 오늘 아침 참 보고 싶다

참빗으로 허기를 쓸어
가난한 삶의 가르마를 타
곱게 쪽을 지던 그 사람이
보고 싶다

추워지면 발목 시리던 사람이 그립다

그 사람을 만났다.
그 사람이 떠났다.
그 사람이 왔다.
그 사람을 보냈다.

그 사람을 만났다 그 사람이 떠났다
그 사람이 왔다 그 사람을 보냈다
- 인연

또 어디로 가라는 것인지

겨우 달래 잠든
쪽잠의 모서리 끝서
돌아눕다
바람 꿈을 꾼다

몸에 밴 바람의 냄새
떠남은 늘 향기로웠다

사랑하고 보냈던 기억들은
뒤척임의 선잠서 도져
붉어지는 그리움

객혈을 하고도
멈출 수 없는 바람의 선혈

곱은 등이 나를 민다
또 어디로 가라는 것인지

함박눈 내리는 날

다시 한 겨울을 나니
또 하나 깔끄러운 나이테가 생겼다

모질게 자란 나이테를 잘라
찔레를 심는 날
함박눈이 내린다

추위에 떨던 뒷산 떡갈나무 가지 끝에는
아직도 시린 찔레꽃이 피고
맨드라미를 심으며 죽도록 살던
버들골 빈집 낡은 처마에는
그 집 늙은 여자의 신혼같이 비리디비린
찔레향이 쌓인다

내 집으로 가는
숨 막히게 오르던 비탈길 굽이마다
눈부시게 앞을 가리는
찔레꽃 만발

요만큼서 살다
또 살다
더 살다 죽어도 좋겠다고
생각을 한다
기도를 한다

눈부시게 앞을 가리는 찔레꽃 만발

소나무 죽던 날

늦도록 너를 보내고
싸락눈 내리는 소리쯤에서
시작된 불면증

잠들 수 없어 종일 날품을 팔고
소나무를 옮겨 심었다

그러고도 잠이 오지 않는 날
둘이 앉아
죽을 만큼 막걸리를 마시고

너는 가지 끝을 스쳐간 바람에 아프고
나는 바람으로 떠난 사람을 그리다
어느새 나는 살고
소나무가 죽었다

언 발로 겨울 속으로 떠나는 너를 위해
생땅에 괭이질을 하며
나는 치악산에 살다 저절로
도사가 된 털보한테 들은 주문을

틀림없이 전했다
기도를 했다

막걸리를 먹어야 살 수 있다고

오십 몇 년 도시의 언덕을
들짐승처럼 떠돌던 나도
막걸리로 살아
이 겨울을 나고 있는데
그깟 바람을 앓아 마디마다 야윈 손가락
한잔 막걸리도 못 비우고
겨울 속으로 스쳐 떠나고
너는

네가 떠난 빈자리에서 난
또 불면증이 토할 듯 도져
봄을 기다리는 보랏빛
제비꽃을 심어야겠다

너는 가지 끝을 스쳐간 바람에 아프고
나는 바람으로 떠난 사람을 그리다
어느새 나는 살고 소나무가 죽었다

너는 가지 끝을 스쳐간 바람에 아프고
나는 바람으로 떠난 사람들을 그리다
어느새 나는 살고 소나무가 죽었다

봄을 기다리는
보랏빛 제비꽃을
심어야겠다

사랑하는 것들은 모두
– 동강에서

사랑하는 것들은 모두
흔들림의 건너편에 있었다

나는 오늘도
건너지 못하는 바람들만 가득 싣고

속살 맑아 물고기떼 피처럼 거슬러 가는
거슬러 올라 물살이 되고 물결이 되는
그 많은 아우성들 훤히 들여다보이는
강을 건너기 위해 줄을 놓는다

사랑하는 것들은 언제까지
어쩌면 세상의 끝 날까지도
건너편에 돌아앉아 있을 지도 모르는데

나만 혼자 흔들려 가는 것일지도
가다가 혼자 또 되돌아올 길일지도

가다가 그 자리에서 물이 되고

등 푸러 슬픈 물고기떼가 되고
바람이 되고
그렇게 흘러가는 것들이 될지도 모르는데

나는 오늘도
외줄을 더듬어 간다

사랑하는 것들은 모두
흔들림의 건너편에 있었다

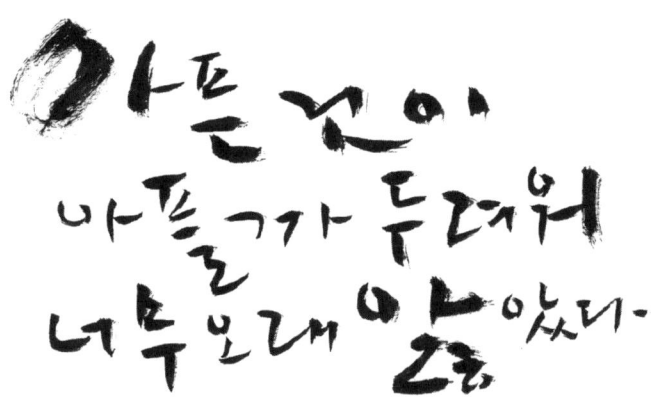

아픈 것이
아플까 두려워
너무 오래 앓았다
- 이별 후

어두워진다는 것은
그리워 할 것들이 많아진다는 것과
같은 말이었습니다

길을 잃고 막걸리를 시킨다

돌아가는 길을 잃었다

골목마다 해는 지고
이르게 불이 켜지는데
집으로 가는
네 자리 비밀번호를 끝내 잊었다

달빛 차오던 반지하 신혼
전철서 내리면 겨울은 차츰 깊어가고
껍지를 닮은 붕어빵 몇 마리
종이봉지에 담아
그토록 따스하던 온기 한 올도
아득한

아득한 날마다
네가 보고 싶어
또 네가 보고 싶어 누르던
반 평 연립의 초인종
까마득한 비밀번호가
한파에 얼어붙은 날마다

혹시 널 기억할까
남의 집 탁자 하나를 빌려
막걸리를 시킨다

어쩌면 다시
돌아가는 길이 생각날까
너의 심장을 두드리던
초인종 비밀번호를
늦게라도 기억해낼 수 있을까

벽에 걸린 TV는
대륙을 건너온 추위
강풍이 불고
곧 모든 길이 끊긴다는데
냄비서 식어가는 도루묵 창자 긴 구비
후미진 파전의 뒷골목까지 뒤지며
길을 찾다

발끝까지 얼어붙은 밤

눈 내리는 날

그대
별을 본 적이 있나요
그대 사는 세상에도 내 별이 떴었나요

며칠 밤별이 맑아 창밖을 서성이게 하더니
어제는 별이 지고
기도로 가꾸던 숲에서 밤새 바람이 울었습니다

눈이 오려나 했는데
까치발로 밤을 새던 바람들
소문 없이 숲을 떠난 첫새벽의 가지 끝에서

느낌표처럼 간혹 쉼표처럼
눈이 내립니다

별이 뜨듯

기도로 가꾸던 숲에서 밤새
바람이 울었습니다

느낌표처럼 간혹 쉼표처럼
눈이 내립니다

아프지 않을 만큼의 가벼움

이미 화석이 된 시간 지난가을

볕이 좋아 객쩍게 들른 화원 비닐하우스에
마이신으로 키운 병아리만 한 애기국화들 중
창백한 얼굴 하나 연애하듯 안고 와
가을볕 따라 뜰에 놓았다 탁자에 놓았다

서리 내린 날 아침에는
끝물의 치악산 단풍이나 자지러지게 보라며
창가에 놓고 그만 잊었는데

해가 바뀐 어느 날 창가에 핀 겨울꽃

붉게 가을을 난 창에
겨울이 들고 눈이 내릴 때도
스스로 피었다 시들고 말라
검불처럼 바스러진
아프지 않을 만큼의 가벼움

비로소 날 꿈을 꿉니다

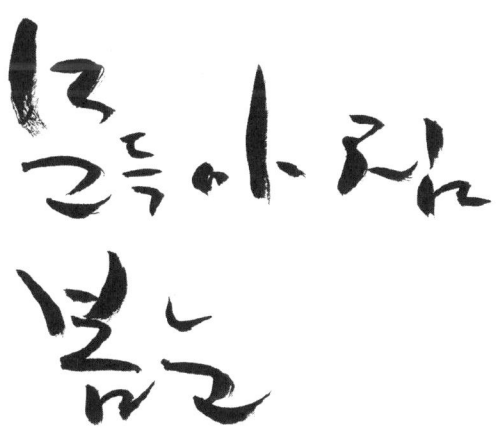

문득 아침 봄눈

눈이 눈부신 날

내가 사는 마을에
사흘 밤낮 눈이 내렸다

눈 내린 세상에 살다가도
어느덧 그대 생각하다
햇살에 부시는 눈빛
눈이 부셔 눈을 감는다

가슴속에서는
여전히 한겨울의 눈발이 뿌리고

내 맘속 칠흑의 눈이 그친 날
가두었던 눈을 열고 거리로 나서면
거기 눈처럼 맑은 세상
다시 눈이 내리고

눈이 눈부셔
눈을 감는다

마음을 연다

눈이 눈부셔
눈을 감는다
마음을 연다

봄날

주둥이 헐고
꽁무니 빠지게 사랑을 하고
먹이를 날라 새끼를 키우던
딱새 부부가
다 키운 새끼를 데리고
풀숲으로 떠났습니다

봄비만 겨우 피한
남의 집 반쪽 추녀 아래
부리가 닳고 발톱 빠지는 줄 모르고
검불을 쪼아 생살로 지은 집은
미련 없이 버려두고

솜털 흥건히 젖던 사랑이
촘촘히 포개지고 엮인 검불집은
날것의 추녀 끝에
생때로 살던 그대로 걸어두고

오롯이 날개에 힘이 오른
새끼 네 마리만 데리고

안개가 숲을 이룬 아침 마당을 가로질러
막 피기 시작한 고광나무 꽃향기 속으로
서툰 날갯짓 추슬러
떠났습니다

모시결 한 철 봄이
바람 끝서
저리 흔들리는 날

저리도 흔들리는 날

따스함 쪽으로 돌아눕던 집

하늘로 난 작은 창은 나의 꽃밭
그립던 밤마다 시냇물 소리가 나던

바람 부는 날에는
멀리 내단 풍경에서도 붉은 단풍이 들고

손 시린 문살 칸칸이 몇 밤의 폭설이 내려
달빛 따라오던 길도 초저녁에 끊기고
귀신처럼 우는 문풍지 소리

뒤척이다 언뜻 선잠이 들면
솔가지 태우는 불내 장작 타는 소리

따스함 쪽으로 돌아눕던
집이 하나 있었습니다

살다 살다
더 살다 보면
또 살겠지

봄이 오면

봄이 오면
눈 녹은 언덕에
한길 자작나무를
심어야겠다

다시 겨울이 오고
추워지면

종아리 흰 그들과
선채로 춥지 않게

살아야겠다

누가 살았나 보다
길은 늘 하늘로 가고 없는 산중에
아픈 생살들 보듬어 늙도록 살다
이른 봄날 꽃 되어 떠났나 보다
- 빈집

꽃샘추위

이제는 피는 줄 알았는데
이대로 꽃이 될 줄 알았는데
꽃 피길 서둘다
아파하는 것을 잊었네요

꽃 피는 걸 서둘다
아파하는 걸
잊었네요

장날

덜 익은 봄을 파는
안흥장 좌판에서
지난봄 서둘다 잃었던
꽃씨 하나를 샀습니다

꽃씨 하나를 샀습니다

그립다 싶었는데 편지처럼 진달래가 피었다

오디 익는 날

사랑하는 사람은
사랑하고
떠나야 할 사람은
떠나고
보내야 할 사람은
보내고
잊히고

울고 싶었던 사람들
울고
사랑할 사람들 다시 만나
사랑할 때도

오디는 익었다
저 홀로 익었다

물빛 편지

나

그대를 기다려 산지

너무 오래

오늘은

바람 지나는 뜨락에 나가

그리운 편지를 쓰지

그리운 만큼만 보고 싶다고

물빛 편지를

쓰지

어느 봄날 문득
편지처럼 오신 그대
나는 내 하던 대로 꽃씨를 심을 타이니
그대는 너른 볕에 앉아
그대 맘껏 푸른 바람이 되게

꽃 꺾으면
네가 아플까
아님 내가 아플까
둘 다 아플까

동백 기행

남쪽 바다 동백꽃이
다 지고 있다기에
붉은 꽃잎 붉게 익어
바다로 간다기에
늦은 꽃잎마저 보러
봄볕 따라갔습니다
여전히 너를 볼까
하염없이 갔습니다

동백꽃은 벌써 지고
봄바람에 마저 떨고
파도 소리 갈피마다
동백으로 이미 붉고
지는 자리 봄볕에서
새로 피는 동백꽃잎
내 마음서 다시 피는
지난날의 붉은 꽃잎

아직도 붉은 동백
붉게 핀 이른 봄날

참꽃 따러 가는 길
– 첫사랑

여울 찰랑이던 돌다리
시냇물은 발목 차게 맑고

디디면 아마 너보다
내가 아플 것 같은
마음은 저편 꽃잎에 이내 젖어

흔들리는 물그림자 위
몇 번이고 놓았다 떼고
또 떼었다 놓은 발자국들

그래도 건너야 했던 개울

참꽃 따러 가는 길

봄꽃처럼 왔다 해지듯 떠나자고요

그게 뭐라고

오고 감은 더 이상 말하지 말자고요

밤비 내리듯 봄꽃 피듯 왔다
해 저물 듯 그렇게 떠나자고요

그래도 부디 미련이 남는다면
나의 마당이나 그대 뜰에
손톱만 한 풀꽃 하나씩 심어
볕 좋은 날까지만 가꾸며 살다
꽃 진 날 아무렇지 않게
떠나자고요

오고 감이 뭐라고

만나고 헤어지는 일이
또 뭐라고

기다리는 날마다

바람이 분다고 했는데
하늘은 고요했다

오늘도 일기 예보는 틀렸다

비가 온다던 날
화단서 기르던 붉은 과꽃이
시드는 저녁까지도
비는 안 오고

모눈종이 같은
안개가 내린다

모눈 칸칸이 쪽창을 달고
창에 기대
지난 약속들을 헤아린다

나의 창에 달이 걸리고
하얀 별들이 메밀밭처럼 뜬 밤
온 다 한 것들은 오지 않고

그래
사람의 가슴에 잠긴 비의 양을
어찌 알까

그 사람 마음서 이는 바람의 방향을
또 어찌 알까

나의 창에 달이 걸리고
하얀 별들이 메밀밭처럼 뜬 밤까지
온 다 한 것들은 오지 않고

나비 봤다
꽃 피겠네

약속 없이 핀 찔레꽃
  – 신림역에서

지나쳐 가거나 간간이 서거나

또 스쳐가는 그들을 지켜보다
철길을 건너다 핀 때늦은 꽃다지
이미 잊은 봄꽃이라 여겼는데
보낸 사람인 줄 알았는데

해 지는 대합실 나무의자에 앉아
가뭇없는 너를 기다린다

대부분의 스쳐감 속에
이따금 나를 기억해
가쁘게 손을 흔드는 사람
나부끼듯 그대를 맞고

또 아득함 쪽을 향해
너를 보내고 나니

약속 없이 핀 찔레꽃

너는 국화처럼 나는 노을처럼

너는 내가 아껴 사는 돌담의 찔레꽃
사금파리만 한 창가 나무의자에 모시처럼 앉아
문밖 강바람이나 저물녘 물소리 곁에서
목 하얗게 사는 아직도 작은 눈짓

봄비 돌담서 낮게 우는 날
빗소리 젖은 책을 읽다 촉촉한 행간
고양이처럼 졸다 커피를 탄다
너의 머리카락에서 맡는 오래된 커피향
손을 잡으면 커피에서도 찔레꽃이 피고

커피를 마시다 비는 그치고
너 오던 날 심은 돌배나무 잎마다 배꽃이 피면
가벼워진 그림자 뒤를 밟아
산사에나 다녀올까
바람 성성한 부채 하나 들고

세월을 부치다 날리다
그렇게 살다
어느새 너는 마당가 국화

서리가 내리고
나는 해 긴 날의 노을로 지다 보면

우리 그만 잊을 만큼 사랑했고
더욱 그리워할 만큼 미워도 했구나

해 긴 날의 노을로 지다 보면
우리 그만 잊을 만큼 사랑했고
더욱 그리워할 만큼 미워도 했구나

숙다방의 봄날

그 사람일까
그 사랑일까

문이 열리면
먼 곳을 돌아온 그대
어깨에 내린 봄볕을 털며
쌍화차를 시킨다

이제야 은발이 된 머리카락
도회의 골짜기 어디쯤서
밤을 샌 술 냄새는
등진 창 역광에 빛바랜 한철

먼바다를 떠돌던
해풍의 배를 탔을까
가슴 깃 비린 갯내음
창가 라일락 필 때마다
잦은 파도가 일고

찻잔을 든 저리 매듭진 손으로

젊은 날 누구에게 순정의 편지를 썼을까
사랑한다고 혹은
사랑한다고

어쩌다
봄볕 아픈 쪽 문이 열리면
또 스쳐만 가는 한없는 봄날

그대 기다리는 날마다

그대 기다리는
날마다

나비 꽃에서 졸 때
난 나비의 꿈속에서 잠이 드는
여름 한낮

그립던 사람도 나비꿈

자갈을 씻는 여울 소리에
채송화만 한 크기 집을 짓고
아침 창을 열면 햇살에
은발로 부서지는 목 메는 갈대들

간혹 편지처럼 눈이 내리고
어느 날은 느낌표 같은 봄비 곁
흙내 나는 신발 가지런히 벗어
뜨락 밑에 두고
빗내 나는 점심상을 차리다

저리 붉어지는 싸리꽃 때문
화전을 붙이면
저절로 취하는 이른 막걸리
낮잠이 들어
나비꿈을 꾼다

어느 날 문득
그립던 사람도 어쩌면
나비의 꿈 속인지도 모르겠고

거미가 짓는 집

별이 내리는 밤
이슬이 내린 아침도

별은 추녀에 걸리고
이슬이 창문을 두드리는 집

집을 짓는다

피를 발라 기둥을 세우고
심장 한 올씩 풀어 벽을 엮고
꽁무니까지 흥건히 젖는 피로

한철도 못 살 집
천년을 살겠다고

천년을 살고도 영혼이 남아
별이 되어 하늘로 갈 집을
짓는다

마당에 과꽃을 심어 가꾸다 보니
어느새 그 작은 꽃이
나를 키우고 있었다

아침 숲에서

너를 쫓다 놓친 꿈에서는
매운 풀 내가 났다

혼자 놀던 뒤꼍의
분홍빛 싸리꽃내가 났다

그런 아침이면 해는 숲에서 뜨고
푸르름 끝마다 느닷없이 맺힌 새 꽃잎
지난밤 뒤척이던 그게 너였을까

오랜 나무 그늘만큼
이깟 삶 관절에 현기증이 도지면
소란한 숲길 끝나는 풀섶에
숨죽인 토담 주막이나 하나 짓고

저 유월의 푸른 잎사귀들
손님이 되고
머리맡서 키득이는 꽃잎도
그렇게 다녀가고
때때로 너를 만나

풀내 나게 종일 살다

숲이면 어떻고 꽃이면 어떻고
그게 하릴없는 풀이면
또 어떻겠는가

풀내 나게 종일 살다

비 내리는 날 바닷가 찻집

창은 회색 바다
비 오고 바람 분다

내가 알던 사람들 어느새
각자의 파도 속에 숨어
문을 걸어 잠그고
이제 곧 소문없이
가슴에 달고 산 불도 끄겠지

어디로 가고 있더라

혼자인 날엔 늘 비가 내렸다
빗살 무늬 따라 사선으로 서성이다
모래밭서 아득히 흐려진 바닷길
머릿속은 숨 멎은 내비게이션
차츰 어두워지고

이제 떠나야 하는데
종이컵에 남은 커피가
갯바람에 식어 빈혈이다

빨대를 꽂아 수혈을 하고도
너는 어디쯤서 아프고
이젠 떠날 수 없을 만큼만 아파

파도 옆에서
비나 맞으며 살고 싶다

떠날 수 없을 만큼만 아파
파도 옆에서 비나 맞으며
살고 싶다

치악산서 살아도
물이 덜 들었나 보다
아침 숲길 연둣빛에
마음 다치는 걸 보니

더 이상 물들 수 없다면 곱게 바래게 하소서

그리운 언덕

누군가를 기다려본 사람에게는
혼자 오르던 언덕이 있다

빈약했던 내 젊음의 무더운 여름을 나며
네가 생각나 오르던 언덕에는
그대 닮은 산딸기가 붉게 익어

언덕서 내려다본 나의 외길은
멀고 긴 구비 언덕을 혼자 오르다
산기슭서 정물로 섰고

간간이 나에게로 오던 편지를 실은
우체부 오토바이 뒤를 따라
양 갈래로 갈라지던 기다림의 길들이
물결로 자지러지는 것을 보다 또
까치발로 크는 속 비린 그리움들

정녕 돌아가고 싶다

그대를 기다리던 언덕에

너 닮은 긴 손가락 집을 짓고
그대 푸른 편지로 올 것 같았던
수없는 길들이 내려다보이는 마당에
산딸기만 한 정자도 하나 지어
추녀 낡도록 살다
한가한 오후 끝에 매미처럼 우는
풍경을 내단 하늘

기다리는 사람은 늘
그리움의 언덕에 집을 짓는다

기다리는 사람은
그리움의 언덕에
집을 짓는다

자미원역에서 단풍 맞다

정선 가는 비탈밭에 붉은 꽃만 가득해
하늘로 가는 길을 물었습니다

아마란스라 일러준 밭을 갈던 농부
땡볕에서 손을 들어 가리키는 곳은
기억도 없는 하늘 광년의 거리
밤을 새던 별자리 어디쯤

열차는 더 이상 오지 않는다며
대합실 문은 촘촘히 닫혔고
하늘로 간 기찻길 끝자락서 해가 저물어
저리도 저며 오는 석양

해가 지면 또 어찌해야 하나
이전 역을 떠난 가을은 이미
단풍으로 오는데

난 밤새 너를 잊고 그리다
그대에게 닿는 길은 무수한 별자리뿐
희미한 하늘길 인적 없는 자미원역

인연에 닳아 상처 난 나무의자에는
가고 오고 보내야 했던 수없는 날들
그 많던 사연들에 걸터앉아
아는 이 없는 별로 가는 열차를 기다리다
억새꽃 피는 철길 따라 가을이 오고

난 또 어찌 살라고
단풍 든다는 소문인데

단풍든다
난 또 어찌 살라고

사랑은 먼 곳서 부는 바람

아무나 사랑해야겠다

이제
그리워할 일만 남았습니다

아무나 사랑해야겠습니다

사랑하다
물빛 닮은 하늘이 슬퍼지거나
풀잎서 바튼 갈바람 소리가 나면
무작정 떠날 일만 남았습니다

떠나서
스스로 혼자가 되거나
남겨져 충분히 외로워질 일만

이제

남았습니다

이 가을 내가 할 수 있는 건

내가 할 수 있는 건

볕에 쪼그리고 앉아
무딘 발톱을 깎거나
마당가 사시나무에 걸린
은빛 햇살을 털어
분홍구절초 꽃잎에
윤이 나도록 물을 주거나

이 가을 내가 할 수 있는 건

코스모스 닮았던 너를 생각하거나
가을볕을 따라 바다로 떠나거나

가을에 내가 할 줄 아는 건
그대 없는 바다로 가
새파랗게 날이 선 쪽빛에
이유 없이 생살이 베여
속으로 우는 것

가을볕 좋은날
구절초는 미치도록 피고 있는데

아득한 것들만 남아
– 코스모스

키보다 더 큰 바람을 지고
때론 바람에 저린 가슴들

세상의 한끝에 까치발로 서서
목 놓아 사람을 부른다

너무 흔들어 작아진 손짓

그리운 것들은 모두
어디로 가고

한없이 아득한 것들만 남아
흔들리고 있는지

그리운 것들은 모두 어디로 가고
한없이 아득한 것들만 남아
흔들리고 있는지

울 밖 갈꽃서 바람이 일 때

서리가 내린 아침에는
마른 갈꽃에서도
시냇물 소리가 났다

겨울 드는 시냇가에
낮은 토담집을 짓고
볕 잘 드는 추녀 끝에는
늦도록 지친 아랫목을 덥힐
장작을 쌓는다

울 밖 갈꽃서
눈부신 바람이 일 때

너는 아직도
내 가슴속 물결로 살다
어느 강가에서 저물녘
갈대로 늙고 있을까

내 작은 토담집 마당
바람 서걱일 때마다

종아리 흰 갈꽃으로 피었다
은빛의 머리로 늙어 갈까

오늘도 나는
한 옴큼 갈대같이 나이가 들고
잔바람 시냇물 소리
갈꽃으로 늙고 있는데

울 밖 갈꽃에서
눈부신 바람이 일 때

홍시를 따다

붉어진 것들은
오랜 기억의 살점
어쩔 수 없이 스쳐 보내야만 했던
술잔 속 흔들림의 언어들
세상의 한복판에 시퍼렇게 매달려 살던
등 얇은 풋감

떫었던 날들도 떫었던 사람도
더 이상 돌아볼 수 없이 떫던 사랑도
이젠 속살까지 익은 달콤함

눈부신 가을 끝에
나부끼듯 내단
남은 길을 밝혀줄 홍등
서녘 하늘서 물드는 끝끝내 격정의 노을

거두어 가슴에 담아도
아프지도 가쁘지도 않을
속부터 차 한 옴큼 앙금으로 여문
수없이 맵고 비렸던 시간들

붉어진 것들은 오랜 기억의 살점

붉어진 것들은
오랜 기억의 살점

저녁놀 때문에
내가 흔들릴 줄은
정말 몰랐습니다

흔들리는 것이 아니야
바람을 피하는 방법
비를 맞는 방법을
알고 있기 때문이야

흔들리는 것이 아니야
바람을 피하는 방법 비를 맞는 방법을
알고 있기 때문이야
- 갈대

건널목에서

살다가 문득
보고 싶은 사람

네가 보고 싶어
달려가던 길에
너를 보내고
하염없는 마음으로
돌아서던 길가에
몇 번이고 비틀거리던 길을
건너고
또 건너야 했던
건널목을 건너고 나면

또 다른 건널목이
있었다

잊을 만큼 건너야 했던
건널목이
있었다

푸르러 목이 메던 지난 가을
하늘빛에 담아 보낼 꽃잎을 따다
가을볕과 함께 모은 구절초 꽃씨가
아득히 쪽문을 단 다락방 창가에서
가득한 향기로 겨울을 났습니다
봉지를 열어 꽃씨를 심던 봄날
지난 그리움들 목이 메고
차마 아파오는 명치끝은 내 몫이지만
구절초 같았던 그대 향기 잃지만 않았으면
– 꽃씨 심던날

솜다리 지다

네가 내 곁에서
피고 지는 것을 몰랐구나

꽃을 피우고도 상처가 없는 듯 살았구나

살아있는 것들은 누구나 외롭지
바람은 늘 떠나기만 하고
발끝에서는 떠돌던 곳들의 흙냄새들만 씻겨 바래
한줌도 안 되는 기억이 되고 추억이 되고

손톱만큼 살다보니 알았네
산다는 것은 홀로 피었다 지는 것
아프지 않은 듯 피고
외롭지 않은 듯 지는

솜다리 네가 내 곁에서
외롭지 않은 듯 살다
아프지 않은 듯 지는구나